PROVÉRBIOS

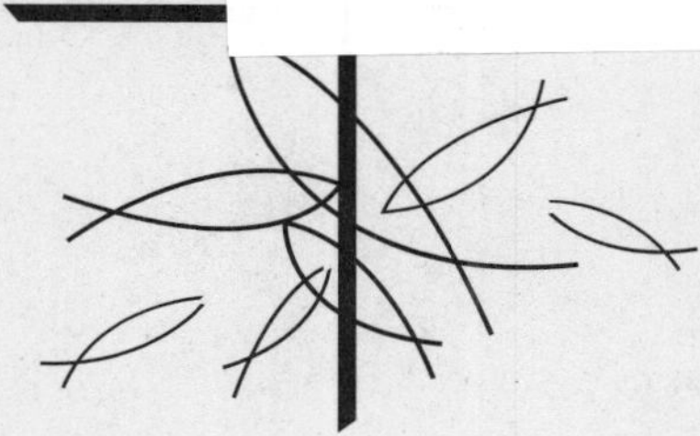

APARECIDA

EDITORA
SANTUÁRIO

ISBN 978-65-5527-425-7

4ª impressão

Rua Pe. Claro Monteiro, 342 – 12570-045 – Aparecida-SP
Tel.: 12 3104-2000 – Televendas: 0800 0 16 00 04
www.editorasantuario.com.br
vendas@editorasantuario.com.br

PROVÉRBIOS

O livro dos Provérbios, verdadeira antologia da sabedoria de Israel, apresenta-se como um conjunto de coleções de máximas e sentenças. Entre as nove coleções que se podem individuar, as mais importantes são 10,1–22,16 e 25–29, que são as partes mais antigas e atribuídas a Salomão, cujos provérbios estavam na boca de todos, como patrimônio da sabedoria popular. Salomão pode ter encarregado outras pessoas de recolher provérbios populares. Talvez tenha sido o pessoal da corte que pôs os provérbios na forma atual, mas a fonte é o povo. Ainda hoje se recolhem provérbios em todas as culturas. São todos anônimos, mas alguém os inventou. Uma vez escrito, o provérbio se transmite como dado pedagógico. Ele é um depósito a ser usado na hora certa.

Este livro recolhe provérbios de temas sapienciais tirados do ensinamento dos sábios de Israel desde o tempo dos reis até o exílio. Na volta do exílio foi feito o trabalho de reunir o material acumulado pela tradição, para salvar o patrimônio espiritual de Israel. Os nove primeiros capítulos formam uma ampla introdução, que ilustra o valor e a importância da Sabedoria. A dama Sabedoria põe a mesa e convida ao banquete, cujas iguarias são as coleções de provérbios, verdadeiro alimento para o espírito humano. Nos dois últimos capítulos encontram-se provérbios saídos de um ambiente não israelita, mais precisamente de Massa, na Transjordânia, região habitada por tribos árabes, famosas pela sua sabedoria. Serve de conclusão ao livro um célebre poema alfabético em louvor da mulher virtuosa, a qual parece ser a encarnação da sabedoria divina e humana (31,10-31).

A palavra "provérbio" designa na Bíblia toda forma literária de tipo sapiencial. Os provérbios propriamente ditos costumam ter duas partes: antitéticas, quando uma se opõe à outra

(p. ex. 10,16), e paralelas, quando a segunda repete o pensamento da primeira (p. ex. 16,6).

As sentenças e os ensinamentos do livro dos Provérbios atestam o grande amor dos hebreus pela Sabedoria, que se pode definir como o conjunto das virtudes morais que tem como fundamento o temor de Deus, resguardado pela disciplina, pela prudência e pelo conselho.

Ler hoje o livro dos Provérbios é beber de uma fonte inesgotável de experiência humana, que aponta o justo caminho da felicidade, meta do ser humano em todas as eras.

I. TÍTULO E TEMA DO LIVRO (1,1-7)

1 Introdução. 1Provérbios de
Salomão, filho de Davi, rei de Israel,
2para conhecer a sabedoria e a
disciplina,
para entender palavras profundas,
3para adquirir instrução esclarecida:
justiça, equidade e retidão;
4para dar aos simples a prudência,
aos jovens o saber e o discernimento.
5Que o sábio escute e aumentará seu
saber; e o homem entendido adquiri-
rá sábios conselhos;
6para compreender provérbios e
alegorias,

as máximas dos sábios e seus
enigmas.
7O temor de Javé é o princípio da
sabedoria; os estultos desprezam a
sabedoria e a disciplina.

II. EXORTAÇÃO A CULTIVAR A SABEDORIA (1,8–9,18)

As más companhias. 8Escuta, meu
filho, a instrução de teu pai e não
desprezes o ensinamento de tua mãe,
9porque serão um diadema gracio-
so em tua cabeça e colares para teu
pescoço.

10 Meu filho, se os pecadores quiserem te seduzir, não consintas!
11 Se te disserem: "Vem conosco,
façamos emboscadas para derramar sangue, insidiemos impunemente o inocente;
12 como o abismo, devoremo-los vivos,
inteiros, como os que descem à fossa.
13 Encontraremos toda espécie de bens preciosos, encheremos de despojos nossas casas.
14 Lança tua sorte conosco,
uma só bolsa teremos todos em comum".
15 Meu filho, não andes com eles,
mantém teu pé longe de seus caminhos!

16 Pois seus passos correm para o mal
e se apressam a derramar o sangue.
17 Sim, é inútil estender a rede
à vista de qualquer ave.
18 Mas estes fazem emboscadas contra
seu próprio sangue,
armam laços contra si mesmos.
19 Assim acontece com todos os
gananciosos:
a ganância tira a vida de quem se dei-
xa dominar por ela.
Convite da Sabedoria. 20 A Sabedoria
grita pelas ruas, nas praças levanta a
voz;
21 nas esquinas movimentadas ela
clama, pronuncia seus discursos nas
entradas das portas da cidade:

22"Até quando, ó inexperientes, amareis a inexperiência e os zombadores
se deleitarão em suas zombarias
e os insensatos terão ódio à ciência?
23Voltai-vos para minhas exortações:
eu infundirei meu espírito sobre vós
e vos manifestarei minhas palavras.
24Porque eu chamei e recusastes,
estendi a mão e ninguém deu atenção;
25descuidastes todo conselho meu
e minha exortação não acolhestes;
26também eu vou rir de vossa desventura,vou zombar de vós quando vier o que temeis,
27quando vos sobrevier, como uma tempestade, o que temeis,
quando a desgraça vos atingir como um furacão,

quando vos afligirem angústia e
tribulação.
28Então me invocarão, mas não res-
ponderei, me procurarão, mas não
me encontrarão.
29Porque odiaram a sabedoria e não
preferiram o temor de Javé;
30ignoraram meu conselho e despre-
zaram todas as minhas exortações;
31comerão o fruto de sua conduta
e se fartarão de seus próprios
conselhos.
32Sim, a rebeldia dos ingênuos os
leva à morte e a despreocupação dos
estultos os faz perecer;
33mas quem me escuta viverá tran-
quilo e seguro, sem temor do mal".

2 Benefícios da Sabedoria. 1Meu filho,
se acolheres minhas palavras e guardares dentro de ti meus mandamentos,
2prestando ouvido à sabedoria,
inclinando teu coração ao entendimento,
3se invocares o discernimento
e chamares a inteligência,
4se a buscares como a prata e a procurares como um tesouro,
5então compreenderás o temor de Javé
e encontrarás o conhecimento de Deus.
6Porque é Javé quem dá a sabedoria,
de sua boca provêm a ciência e a inteligência.

7 Aos homens retos reserva a pros-
peridade, é escudo para aqueles que
agem com retidão,
8 protege as veredas da justiça e guar-
da os caminhos de seus fiéis.
9 Então compreenderás a justiça e o
direito, a retidão com todos os bons
caminhos.
10 Porque a sabedoria entrará em teu
coração e o conhecimento alegrará
tua alma.
11 A reflexão te guardará e a inteligên-
cia velará sobre ti,
12 para te afastar do mau caminho,
e do homem que fala coisas perversas,
13 daqueles que abandonam as vere-
das retas para caminhar por estradas
tenebrosas,

14e que se alegram fazendo o mal e
encontram prazer nas perversidades
do vício.
15Eles seguem veredas tortuosas
e se extraviam em seus caminhos.
16Ela te salvará da mulher
estrangeira,
da infiel que diz palavras sedutoras,
17que abandona o companheiro de
sua juventude e esquece a aliança de
seu Deus.
18Porque sua casa conduz para a
morte
e para o reino das sombras suas
veredas.
19Dos que vão a ela nenhum retorna,
não alcançam as veredas da vida.

[20]Por isto caminharás pela estrada dos
bons e te conservarás nas sendas dos
justos.
[21]Porque os homens retos habitarão
a terra e os íntegros permanecerão
nela.
[22]Mas os malvados serão extermina-
dos da terra, e dela serão extirpados
os infiéis.

3 Como adquirir a Sabedoria. [1]Meu
filho, não esqueças meu ensinamento
e teu coração guarde meus preceitos,
[2]porque te alcançarão longos dias,
anos de vida e de prosperidade.
[3]Que a bondade e a fidelidade não te
abandonem;
prende-as em torno a teu pescoço,

escreve-as sobre a tábua de teu
coração,
4e obterás favor e bom êxito
aos olhos de Deus e dos homens.
5Confia em Javé com todo o coração
e não te apoies em tua inteligência.
6Em todos os teus passos pensa nele
e ele aplainará teus caminhos.
7Não te consideres sábio;
teme Javé e fica longe do mal.
8Isto será saudável para teu corpo
e um refrigério para teus ossos.
9Honra Javé com teus bens
e com as primícias de todas as tuas
colheitas;
10então teus celeiros se encherão de
trigo e teus lagares transbordarão de
vinho.

Valor da Sabedoria. 11Meu filho, não
rejeites a instrução de Javé e não te
canses de seus avisos,
12porque Javé corrige quem ele ama,
como um pai ao filho predileto.
13Feliz o homem que encontrou a
sabedoria e aquele que adquiriu o
entendimento;
14porque sua posse é preferível à da
prata e melhor que o ouro é seu lucro.
15Ela é mais preciosa que as pérolas,
e nada do que desejas a pode igualar.
16Longos dias estão em sua mão
direita,
e em sua esquerda riqueza e honra.
17Seus caminhos são caminhos deli-
ciosos e todas as suas veredas condu-
zem ao bem-estar.

18É uma árvore de vida para quem a
alcança, e quem a abraça é feliz.
19Javé fundou a terra com a
sabedoria,
consolidou os céus com inteligência.
20Por sua ciência foram abertos
os abismos, e as nuvens destilam
orvalho.
Felicidade do justo. 21Meu filho, con-
serva a sabedoria e a discrição;
não se afastem jamais de teus olhos:
22serão vida para ti e ornamento para
teu pescoço.
23Então caminharás seguro por tua
estrada e teu pé não tropeçará.
24Quando te deitares, não terás o que
temer e, uma vez deitado, teu sono
será doce.

25Não temerás o pavor repentino,
nem o ataque que vem dos maus;
26porque Javé será tua segurança,
e de toda insídia preservará teu pé.
Conduta para com o próximo. 27Não
negues um benefício a quem ele é de-
vido, se está em teu poder fazê-lo.
28Não digas a teu próximo: "Vai, vol-
ta depois, te darei amanhã",
se tens o que te pede.
29Não trames o mal contra teu
próximo,
quando ele mora confiante a teu lado.
30Não contendas sem motivo com
ninguém, se não te fez nada de mal.
31Não invejes o homem violento
e não imites jamais sua conduta,
32porque Javé detesta o malvado,

mas sua amizade é para os homens
retos.
33A maldição de Javé está sobre a
casa do opressor, mas ele abençoa a
morada dos justos.
34Dos zombadores ele zomba,
aos humildes, porém, concede a
graça.
35Os sábios herdarão a glória,
mas a infâmia será a parte dos
estultos.

4 Vantagens da Sabedoria. 1Escutai,
ó filhos, a instrução de um pai
e aplicai-vos a aprender o
discernimento;
2porque vos transmito uma boa
doutrina;

não abandoneis meu ensinamento.
3 Também eu fui um filho para meu pai,
terno e predileto aos olhos de minha mãe.
4 Ele me instruía dizendo-me:
"Teu coração retenha minhas palavras;
guarda meus mandamentos e viverás.
5 Adquire a sabedoria, adquire a inteligência;
não esqueças as palavras de minha boca
e jamais delas te afastes.
6 Não a abandones e ela te guardará,
ama-a e velará sobre ti.

7O princípio da sabedoria é: adquire
a sabedoria; em troca de tudo o que
possuis, adquire a inteligência.
8Estima-a, e ela te exaltará,
será tua glória, se a abraçares.
9Uma coroa de graça porá sobre tua
cabeça, com um diadema de glória te
cingirá".
O caminho reto. 10Escuta, meu filho,
e acolhe minhas palavras e se multi-
plicarão os anos de tua vida.
11Eu te indico o caminho da
sabedoria;
pelas veredas da retidão eu te guio.
12Quando caminhares, não serão im-
pedidos teus passos,
e se correres, não tropeçarás.

13Adere à disciplina, não a deixes;
guarda-a, porque ela é tua vida.
14Não sigas a estrada dos ímpios
e não andes pelo caminho dos maus.
15Evita-o, não passes por ele,
fica longe e passa ao largo.
16Pois eles não dormem se não fize-
ram o mal; perdem o sono se não fi-
zeram alguém cair.
17Comem o pão da impiedade
e bebem o vinho da violência.
18Mas a estrada dos justos é como a
luz da aurora, cujo esplendor aumen-
ta até o meio-dia.
19O caminho dos ímpios é como a es-
curidão: não sabem onde vão tropeçar.

Vigilância. [20]Meu filho, fica atento ao
que eu falo, presta ouvido a minhas
palavras.
[21]Não as percas jamais de vista,
guarda-as no fundo de teu coração;
[22]porque elas são vida para quem as
encontra e saúde para todo o teu corpo.
[23]Com todo o cuidado guarda teu
coração, porque dele emana a vida.
[24]Desvia de ti a boca enganosa
e afasta de ti os lábios maldizentes.
[25]Que teus olhos olhem de frente
e teu olhar se fixe no que está adiante.
[26]Examina a estrada onde pões o pé e to-
dos os teus caminhos sejam bem firmes.
[27]Não te desvies nem para a direita e
nem para a esquerda, mantém teu pé
longe do mal.

5 A mulher sedutora. [1]Meu filho,
presta atenção a minha sabedoria e
presta ouvido a minha inteligência,
[2]para que conserves a discrição e teus
lábios guardem o conhecimento.
[3]Pois destilam mel os lábios da estran-
geira, e mais suave que o óleo é sua boca;
[4]mas o fim ao qual conduz é amargo
como absinto, cortante como espada
de dois gumes.
[5]Seus pés descem para a morte, seus
passos conduzem ao abismo.
[6]Não considera a vereda da vida;
anda errante em seus caminhos e não
se importa.
[7]Agora, meus filhos, escutai-me
e não vos afasteis das palavras de mi-
nha boca.

8Mantém longe dela teu caminho
e não te aproximes da porta de sua
casa,
9para não dares a outros tua honra
e teus anos a um homem cruel;
10para que não se saciem de teus bens
os estranhos, e não acabem tuas fadi-
gas na casa de um outro;
11e tu não gemas quando vier teu fim,
quando decaírem teu corpo e tua
carne,
12e digas: "Por que odiei a disciplina
e meu coração desprezou a correção?
13Não escutei a voz de meus mestres,
não dei atenção a quem me instruía.
14Por pouco não me achei no cúmulo
dos males no meio da assembleia e da
comunidade".

Sê fiel a tua esposa. 15Bebe água de
tua cisterna e a que brota de teu poço,
16para que tuas fontes não escorram
para fora, e nas ruas teus riachos;
17mas sejam para ti somente
e não para estranhos junto contigo.
18Seja bendita tua fonte;
alegra-te com a mulher de tua
juventude:
19corça amável, gazela graciosa.
Suas ternuras sempre te inebriem
e por seu amor sejas sempre atraído!
20Por que, meu filho, te apaixonar
por uma estranha e abraçar o peito
de uma desconhecida?
21Porque os caminhos do homem es-
tão diante dos olhos de Javé
e ele observa todas as suas veredas.

22Suas culpas aprisionam o ímpio;
ele é capturado com os laços de seu pecado.
23Morrerá por falta de disciplina
e se perderá pelo excesso de sua loucura.

6 Cuidado com a fiança. 1Meu filho,
se aceitaste ser fiador do próximo,
se te empenhaste com um estranho
2e te ligaste com as palavras de teus lábios e te deixaste prender pelas palavras de tua boca;
3meu filho, faze assim para livrar-te
porque caíste nas mãos de teu próximo:
vai, lança-te a seus pés, importuna teu próximo;

4não concedas sono a teus olhos
nem repouso a tuas pálpebras,
5livra-te como a gazela da armadilha,
como a ave da mão do caçador.
A formiga e o preguiçoso. 6Vai ver a
formiga, ó preguiçoso,
observa seus hábitos e torna-te sábio.
7Ela não tem chefe, nem capataz, nem
patrão;
8no verão prepara seu alimento,
no tempo da colheita ajunta a comida.
9Até quando, preguiçoso, ficarás
deitado?
Quando te levantarás do sono?
10Dormir um pouco, cochilar um
pouco,
cruzar um pouco os braços para
repousar,

11assim te sobrevirá a pobreza como
um vagabundo,
e a indigência, como um homem
armado.
O insensato. 12A pessoa indigna, o
homem iníquo, anda com a falsidade
na boca;
13acena com os olhos, bate os pés,
faz sinais com os dedos;
14tem a perversidade no coração,
trama o mal continuamente, semeia
discórdias.
15Por isso de improviso virá sua ruí-
na, num instante será aniquilado sem
remédio.
As coisas que Javé abomina. 16Seis
coisas odeia Javé,
aliás, sete são abominação para ele:

17olhar arrogante, língua mentirosa,
mãos que derramam sangue inocente,
18coração que trama iníquos projetos,
pés que correm rápidos para o mal,
19testemunha falsa que fala mentiras
e aquele que provoca discórdias entre
irmãos.
Contra o adultério. 20Meu filho, ob-
serva o mandamento de teu pai,
não esqueças o ensinamento de tua
mãe.
21Fixa-os sempre em teu coração,
pendura-os ao pescoço.
22Quando caminhares te guiarão,
quando repousares velarão sobre ti,
quando acordares falarão contigo.
23Porque o mandamento é uma lâm-
pada, e o ensinamento é uma luz, e

um caminho de vida as correções que
corrigem,
24para preservar-te da mulher alheia,
das palavras sedutoras da
estrangeira.
25Não desejes em teu coração sua
beleza; não te deixes cativar por seus
olhares,
26porque, se a prostituta se contenta
com um pedaço de pão, a mulher ca-
sada custa uma vida preciosa.
27Pode-se levar fogo no peito
sem queimar a roupa,
28ou caminhar sobre brasas
sem queimar os pés?
29Assim, quem se aproximar da mu-
lher do próximo,
quem a tocar, não ficará impune.

30Não se desaprova um ladrão, se rou-
ba para saciar-se quando tem fome;
31no entanto, se é preso, deverá res-
tituir sete vezes e entregar todos os
bens de sua casa.
32Mas o adúltero não tem entendimen-
to; quem age assim arruína sua vida.
33Encontrará castigo e desonra,
e sua vergonha jamais será cancelada,
34porque o ciúme enfurece o marido,
que não terá piedade no dia da
vingança;
35não aceitará nenhuma compensação,
ele recusará, mesmo se multiplicas as
ofertas.

7 As adulações da adúltera. 1Meu fi-
lho, guarda minhas palavras;

sejam para ti um tesouro meus
preceitos.
2Observa meus preceitos e viverás;
guarda meu ensinamento como a pupila de teus olhos.
3Prende-os a teus dedos,
escreve-os na tábua de teu coração.
4Dize à sabedoria: "Tu és minha irmã", e chama de amigo o
entendimento,
5para que te preserve da mulher
alheia, da estranha que tem palavras
sedutoras.
6Enquanto da janela de minha casa
eu estava observando pela treliça,
7vi entre os ingênuos, descobri entre
os jovens um moço sem juízo

8que passava pela praça, junto à esquina da estrangeira, e se encaminhava para a casa dela,
9ao entardecer, ao declinar o dia,
ao surgir a noite e a escuridão.
10Vem a seu encontro uma mulher,
em vestes de prostituta e com a falsidade no coração.
11Ela é ousada e insolente,
não sabe manter os pés em sua casa.
12Ora está na rua, ora nas praças:
em todo canto está à espreita.
13Agarra-o, beija-o
e com ar deslavado lhe diz:
14"Eu devia oferecer sacrifícios de comunhão; hoje cumpri minhas promessas,

15por isso saí a teu encontro
para procurar-te e te encontrei.
16Cobri de colchas meu leito,
de linho colorido do Egito;
17perfumei minha cama com mirra,
aloés e canela.
18Vem, inebriemo-nos de amor até
a manhã, gozemos juntos no prazer,
19porque meu marido não está em
casa, partiu para uma longa viagem,
20levou consigo a bolsa do dinheiro,
voltará para casa só no dia da lua
cheia".
21De tanto insistir o convence,
arrasta-o com seus lábios sedutores.
22Ele a seguiu sem demora,
como um boi vai para o matadouro;
como um cervo preso pelo laço,

23até que uma flecha lhe dilacera o
fígado;como ave que se precipita na rede
sem saber que está em jogo sua vida.
24Agora, meus filhos, escutai-me,
prestai atenção às palavras de minha
boca.
25Que teu coração não se desvie para
os caminhos dela, não te percas em
suas veredas,
26porque a muitos fez cair traspassa-
dos, e os mais robustos foram suas
vítimas.
27A casa dela é estrada para o abismo,
que desce para as câmaras da morte.

8 Segundo convite da Sabedoria.
1A Sabedoria não chama?
A inteligência não faz ouvir sua voz?

2Ela se põe de pé lá em cima nas altu-
ras, ao longo da estrada, nas encruzi-
lhadas dos caminhos.
3Junto às portas, na entrada da ci-
dade, nos lugares de passagem ela
exclama:
4"A vós, homens, eu chamo,
aos filhos de Adão se dirige minha
voz.
5Aprendei, ingênuos, a prudência
e vós, estultos, tende um coração
sensato.
6Escutai, porque direi coisas
importantes,
de meus lábios sairá o que é reto.
7Porque minha boca proclama a
verdade

e a impiedade é abominação para
meus lábios.
8Todas as palavras de minha boca são
justas;
nada há nelas de falso ou de tortuoso;
9todas são leais para quem as
compreende
e retas para quem encontrou o
conhecimento.
10Aceitai minha instrução mais que
a prata,
e o conhecimento mais que o ouro
fino;
11porque a sabedoria vale mais que
as pérolas
e nenhuma coisa desejável pode se
comparar com ela".

Dotes da Sabedoria. 12Eu, a
Sabedoria, moro com a prudência;
possuo a ciência da reflexão.
13Temer Javé é odiar o mal: detesto a
soberba, a arrogância,
a má conduta e a boca perversa.
14Meu é o conselho e minha a verda-
deira sabedoria; eu sou a inteligência,
a mim pertence a força.
15Por meu intermédio reinam os reis
e os magistrados decretam o que é
justo.
16Por meu intermédio governam os
príncipes e os nobres são os juízes
legítimos.

17Eu amo aqueles que me amam,
e aqueles que me buscam me encontrarão.
18Comigo estão riquezas e honra,
seguro bem-estar e equidade.
19Meu fruto vale mais que o ouro,
que o ouro fino, e meu produto mais que a prata escolhida.
20Eu ando pelo caminho da justiça
e pelas veredas da equidade,
21para dotar de bens os que me amam
e encher seus cofres.

A parte da Sabedoria na criação.

22Javé me criou como início de sua atividade,antes de suas obras mais antigas.

23Desde a eternidade fui tecida, des-
de o princípio, antes que existisse a
terra.
24Quando não existiam os abismos,
eu fui gerada;
quando ainda não havia as fontes de
águas abundantes.
25Antes que os montes fossem
firmados,
antes das colinas, eu fui gerada.
26Quando ainda não tinha feito a ter-
ra e os campos,
nem os primeiros elementos do
mundo;
27quando ele consolidava os céus, lá
estava eu;

quando traçava um círculo sobre a
face do abismo;
28 quando condensava as nuvens no
alto,
quando reforçava as fontes do
abismo;
29 quando impunha ao mar seus
confins,
de modo que as águas não ultrapas-
sassem seus limites;
quando traçou os fundamentos da
terra.
30 Então eu estava com ele como sua
predileta, e eu era suas delícias todo
dia,
alegrando-me diante dele a cada
instante;

31eu brincava sobre a superfície
terrestre,
encontrando minhas delícias entre os
filhos de Adão.
32Agora, filhos, escutai-me:
bem-aventurados os que seguem
meus caminhos!
33Escutai a exortação
e sede sábios, não a descuideis!
34Bem-aventurado o homem que me
escuta,
velando todo dia a minhas portas
e guardando o limiar de minha casa.
35Pois quem me encontra, encontra a
vida e obtém o favor de Javé;
36mas quem peca contra mim faz mal
a si próprio;

todos os que me odeiam amam a
morte.

9 O banquete da Sabedoria. 1 A
Sabedoria construiu sua casa, lavrou
suas sete colunas.
2 Matou seus animais, preparou seu
vinho
e pôs sua mesa.
3 Enviou suas servas e proclama
nos pontos mais altos da cidade:
4 "Quem é simples venha aqui!"
A quem é sem entendimento ela diz:
5 "Vinde, comei de meu pão,
bebei o vinho que preparei.
6 Abandonai a insensatez e vivereis,
andai pelo caminho da inteligência".

Contra os zombadores. 7Quem
corrige o zombador atrai sobre si a
desonra,
quem repreende o ímpio atrai a si a
injúria.
8Não repreendas o zombador, porque te odiará;
repreende o sábio, e ele te amará.
9Dá conselho ao sábio, e ele se tornará mais sábio;
instrui o justo, e aumentará seu saber.
10Princípio da sabedoria é o temor de
Javé,
a ciência do Santo é a inteligência.
11Por meu intermédio teus dias serão
numerosos,
e os anos de tua vida se multiplicarão.

12Se és sábio, o és para teu bem,
se és zombador, somente tu carregarás a pena.
O banquete da insensatez. 13A insensatez é uma mulher irrequieta,
uma imbecil que não sabe nada.
14Está sentada à porta de sua casa,
numa cadeira, num lugar alto da cidade,
15para convidar os que passam pela
rua, que seguem direto seu caminho:
16"Quem é simples venha aqui!"
E a quem é sem entendimento ela diz:
17"As águas roubadas são doces,
e o pão comido às ocultas é saboroso".
18Ele não sabe que lá estão os mortos,
e que seus convidados estão no profundo dos abismos.

III. SENTENÇAS DE SALOMÃO (10,1–22,16)

10 O justo e o ímpio. 1Provérbios de
Salomão.
O filho sábio alegra o pai; o filho insensato entristece a mãe.
2De nada servem os tesouros mal adquiridos,
mas a justiça livra da morte.
3Javé não deixa o justo passar fome,
mas reprime a avidez dos ímpios.
4O braço preguiçoso gera pobreza,
mas a mão que trabalha enriquece.
5Quem recolhe no verão é previdente;
quem dorme no tempo da colheita é desprezível.

6 As bênçãos de Javé descem sobre a
cabeça do justo,
mas a boca dos ímpios esconde a
violência.
7 A memória do justo é abençoada,
mas o nome dos ímpios apodrece.
8 O sábio de coração aceita os manda-
mentos, mas quem tem lábios insen-
satos vai para a ruína.
9 Quem caminha na integridade anda
seguro,
quem segue caminhos tortuosos será
descoberto.
10 Quem acena com os olhos causa
sofrimento,
mas quem repreende francamente
promove a paz.

As palavras do justo. 11Fonte de vida
é a boca do justo, mas a boca dos ím-
pios esconde violência.
12O ódio provoca litígios,
mas o amor recobre todas as faltas.
13Nos lábios do entendido se encon-
tra a sabedoria,
mas a vara é para o dorso do
insensato.
14Os sábios entesouram o conheci-
mento, mas a boca do tolo é um peri-
go iminente.
15Os bens do rico são sua fortaleza;
a ruína dos pobres é sua miséria.
16O salário do justo serve para a vida,
o ganho do ímpio é para o pecado.

17Caminha para a vida quem guarda
a disciplina; quem descuida a corre-
ção se extravia.
18Os lábios sinceros aplacam o ódio;
quem difunde a calúnia é insensato.
19No muito falar não falta a culpa,
quem refreia seus lábios é prudente.
20Prata preciosa é a língua do justo,
mas o coração dos ímpios vale bem
pouco.
21Os lábios do justo nutrem a muitos;
os estultos morrem por falta de juízo.
Felicidade da virtude. 22É a bênção
de Javé que enriquece:
a fadiga nada lhe acrescenta.
23Fazer o mal é uma diversão para o
insensato, como o cultivar a sabedo-
ria para o homem prudente.

24 Ao malvado sobrevém o mal que
teme,
mas o desejo dos justos é satisfeito.
25 Ao passar a tempestade, desaparece o ímpio;
mas o justo está firme para sempre.
26 Como o vinagre para os dentes e a
fumaça para os olhos,
assim é o preguiçoso para quem lhe
confia uma missão.
27 O temor de Javé prolonga os
dias, mas os anos dos ímpios serão
abreviados.
28 A espera dos justos redundará em
alegria, mas a esperança dos ímpios
perecerá.
29 O caminho de Javé é uma fortaleza
para o homem reto,

mas é ruína para os malfeitores.
30O justo jamais será abalado,
mas os ímpios não habitarão a terra.
31A boca do justo exprime a sabedoria,
mas a língua perversa será cortada.
32Os lábios do justo destilam benevolência,
a boca dos ímpios, perversidade.

11 Justiça e malvadeza. 1Balança falsa é abominação para Javé,
mas o peso exato lhe agrada.
2Quando vem a soberba, vem também a desonra,
ao passo que a sabedoria está com os humildes.

3A integridade dos homens retos os
guia,
a perversidade dos traidores os
arruína.
4É inútil a riqueza no dia da cólera,
mas a justiça livra da morte.
5A justiça do homem honesto lhe
aplana o caminho;
por sua impiedade cai o ímpio.
6A justiça dos homens retos os salva;
em sua ganância ficam presos os
traidores.
7Quando morre o ímpio, acaba sua
esperança; perece a confiança dos
malvados.
8O justo é libertado da angústia;
em seu lugar entra o ímpio.

O bem público. 9Com sua boca o
ímpio arruína seu próximo, mas os
justos se salvam pelo conhecimento.
10Com a prosperidade dos justos a
cidade se alegra; e quando perecem
os ímpios se faz festa.
11Com a bênção dos homens retos se
ergue uma cidade; mas pela boca dos
ímpios é destruída.
12Quem despreza seu próximo não
tem entendimento; o homem pruden-
te, porém, se cala.
13Quem anda tagarelando revela
segredos, quem tem espírito fiel os
mantém ocultos.
14Sem governo o povo decai, a segu-
rança depende de um bom número
de conselheiros.

15Quem se faz fiador de um estranho
se dá mal, quem evita dar garantias
vive tranquilo.
16A mulher graciosa alcança glória,
mas os homens enérgicos adquirem
riquezas.
Sentenças várias. 17Faz bem a si mes-
mo o homem misericordioso, mas o
cruel atormenta sua própria carne.
18O ímpio obtém um falso lucro,
mas para quem semeia a justiça a re-
compensa é certa.
19Assim como a justiça é para a vida,
quem segue o mal é destinado à
morte.
20Javé abomina os corações tortuosos,
mas lhe agradam os que têm uma
conduta íntegra.

21Com certeza não ficará impune o
malvado, mas a descendência dos
justos será salva.
22Anel de ouro em focinho de porco:
tal é a mulher bonita mas sem juízo.
23O desejo dos justos é só o bem;
os maus só podem esperar a ira.
24Há quem é pródigo e aumenta sua
riqueza, há quem poupa além da me-
dida e só empobrece.
25A pessoa generosa terá sucesso,
e quem dá de beber será dessedentado.
26Quem retém o trigo é amaldiçoado
pelo povo,
mas a bênção estará sobre a cabeça de
quem o vende.
27Quem procura o bem encontra o
favor,

quem busca o mal, o mal o atingirá.
28Quem confia em sua riqueza cairá;
mas os justos germinarão como a folhagem.
29Quem deixa sua casa em desordem herdará o vento;
e o tolo será escravo de quem tem um coração sábio.
30O fruto do justo é uma árvore de vida,
e quem conquista as almas é sábio.
31Se o justo recebe sua retribuição na terra,
quanto mais o ímpio e o pecador!

12 Os bons e os maus. 1Quem ama a disciplina ama o conhecimento,
quem odeia a correção é insensato.

2Quem é bom obtém o favor de Javé,
mas o homem mal-intencionado ele
o condena.
3Ninguém se consolida com a impie-
dade, mas a raiz dos justos não será
removida.
4A mulher virtuosa é a coroa do mari-
do, mas a que o desonra é como cárie
em seus ossos.
5Os pensamentos dos justos são equi-
dade, mas as tramas dos ímpios são
engano.
6As palavras dos ímpios são insídias
mortais, mas a boca dos homens retos
os livrará.
7Os ímpios, uma vez abatidos, não
mais existem, mas a casa dos justos
está firme.

8Um homem é louvado por seu bom
senso,
quem tem um coração perverso é
desprezado.
9É melhor ser pouco estimado mas ter
um servo do que ser honrado e não
ter pão.
10O justo conhece as necessidades de
seus animais, mas os sentimentos dos
ímpios são cruéis.
11Quem cultiva sua terra tem pão em
abundância,
mas quem vai atrás de quimeras é
sem juízo.
12O ímpio cobiça os despojos dos
maus,
a raiz dos justos produz fruto.

Uso da língua. 13No pecado de seus
lábios se prende o malvado,
mas o justo escapará da angústia.
14Do fruto de sua boca cada um se
sacia de bens, mas receberá a recompensa conforme as obras de suas
mãos.
15O estulto julga reta sua conduta,
mas quem escuta o conselho é sábio.
16O insensato manifesta logo sua cólera,
mas o homem prudente dissimula a
ofensa.
17Quem diz a verdade anuncia a
justiça,
mas a falsa testemunha proclama o
engano.
18Quem fala sem refletir fere como
espada;

mas a língua dos sábios é um
remédio.
19Os lábios sinceros são estáveis para
sempre, a língua mentirosa dura só
por um instante.
20Há engano no coração dos que tra-
mam o mal;
alegria têm os conselheiros de paz.
21Ao justo não acontecerá nenhum
dano,
mas os ímpios serão cheios de males.
22Lábios mentirosos são abominação
para Javé;
ele ama os que agem com sinceridade.
23O homem prudente esconde seu
saber,
mas o coração dos insensatos procla-
ma sua tolice.

A pessoa operosa. 24A mão operosa
obtém o comando, a preguiçosa será
para o trabalho forçado.
25A ansiedade deprime o coração
do homem, mas uma palavra boa o
alegra.
26O justo é guia para seu próximo,
mas o caminho dos ímpios os faz
desviar.
27O preguiçoso não encontrará caça;
mas o diligente achará a riqueza da
estepe.
28Na estrada da justiça está a vida,
e em seu caminho não existe morte.

13 A pobreza e a riqueza. 1O filho
sábio ama a disciplina,
o zombador não escuta a repreensão.

2 Do fruto de sua boca o homem come
o que é bom;
mas o apetite dos traidores se satisfaz
com a violência.
3 Quem vigia sua boca preserva sua
vida:quem abre demais os lábios en-
contra a ruína.
4 O preguiçoso deseja e não tem nada,
mas o desejo dos diligentes será
satisfeito.
5 O justo odeia a palavra mentirosa,
mas o ímpio desonra e calunia.
6 A justiça guarda quem tem uma
conduta íntegra,
mas a maldade causa a ruína do
pecador.
7 Há quem se faz de rico e não tem
nada,

há quem se faz de pobre e tem muitos
bens.
8O resgate da vida de um homem é
sua riqueza,
mas o pobre não percebe a ameaça.
9A luz dos justos alegra,
mas a lâmpada dos ímpios se apaga.
10A insolência só provoca contendas,
mas a sabedoria se encontra entre os
que pedem conselho.
11Riquezas depressa acumuladas
diminuem;
quem as reúne pouco a pouco as
aumenta.
12Espera adiada faz mal ao coração,
mas um desejo satisfeito é árvore de
vida.

A docilidade e seus efeitos. 13Quem
despreza a palavra se perderá,
quem respeita o mandamento será
recompensado.
14O ensinamento do sábio é fonte de
vida
para evitar os laços da morte.
15Um sólido bom senso obtém favor,
mas o caminho dos traiçoeiros é
áspero.
16O homem prudente age
conscientemente,
mas o tolo manifesta sua insensatez.
17Um mau mensageiro cai em
desgraça,
mas um enviado fiel traz saúde.
18Pobreza e ignomínia para quem re-
cusa a instrução,

mas quem aceita a repreensão será
honrado.
19Desejo realizado é uma doçura para
a alma,
mas é abominação para os tolos desa-
pegar-se do mal.
20Quem anda com os sábios se torna
sábio,
quem frequenta os insensatos sofrerá
dano.
21O mal persegue os pecadores,
mas o justo é recompensado com o
bem.
22Quem é bom deixa herança aos fi-
lhos de seus filhos,
mas a riqueza do pecador está reser-
vada ao justo.

23O campo arado pelo pobre dá comida em abundância,
mas há quem perece por falta de juízo.
24Quem poupa a vara odeia seu filho,
mas quem o ama o corrige a tempo.
25O justo come até ficar satisfeito,
mas o ventre dos ímpios sofre a fome.

14 A sabedoria e a insensatez. 1A mulher sábia constrói sua casa,
mas a insensata a destrói com suas mãos.
2Quem procede com retidão teme a Javé,
quem se afasta de seus caminhos o despreza.

3Na boca do imbecil há o germe da
soberba,
mas os sábios são protegidos por seus
lábios.
4Onde não há bois, o celeiro está
vazio,
mas a abundância da colheita está no
vigor do boi.
5A testemunha fidedigna não mente,
mas a falsa testemunha profere
mentiras.
6O zombador busca a sabedoria e
não a encontra, mas para quem tem
entendimento a ciência é coisa fácil.
7Afasta-te do homem insensato
porque não encontrarás conhecimen-
to em seus lábios.

8A sabedoria do homem prudente
está em discernir seu caminho,
mas a insensatez dos imbecis é
engano.
9Os insensatos zombam do pecado,
mas entre os homens retos há
benevolência.
10O coração conhece sua própria
amargura
e de sua alegria não pode participar
um estranho.
11A casa dos ímpios será destruída,
mas a tenda dos homens retos
prosperará.
12 Existe caminho que a alguém parece reto,
mas desemboca em veredas de morte.

13 Mesmo no riso o coração se
entristece
e a alegria termina em sofrimento.
14 O relapso se fartará de seus
caminhos,
mas o homem de bem ficará contente
com suas obras.
A prudência. 15 O ingênuo acredita
em tudo,
mas o prudente controla os próprios
passos.
16 O sábio teme o mal e dele se afasta,
o insensato é arrogante e
despreocupado.
17 Quem se irrita facilmente comete
loucuras,
o mal-intencionado se torna odioso.

18Os ingênuos têm por herança a
insensatez,
mas os prudentes se adornam de
ciência.
19Os maus se inclinam diante dos bons,
os ímpios diante das portas dos
justos.
20O pobre é odiado até pelo
companheiro,
mas são muitos os amigos do rico.
21Quem despreza seu próximo peca,
mas quem se compadece dos humil-
des é feliz.
22Não erram aqueles que planejam
o mal?
Benevolência e favor para os que pla-
nejam o bem.

23Em todo trabalho há proveito,
mas a conversa inútil só leva à penúria.
24Coroa dos sábios é sua prudência,
diadema dos tolos é sua insensatez.
25Uma testemunha verdadeira salva vidas;
quem fala mentiras é um impostor.
Religião e governo. 26No temor de
Javé está a confiança do homem forte;
para seus filhos ele será um refúgio.
27O temor de Javé é fonte de vida
para evitar os laços da morte.
28Um povo numeroso é a glória do rei;
população escassa é a ruína do príncipe.

29Quem é lento para a ira tem grande
bom senso,
mas o irascível demonstra desatino.
30Um coração tranquilo é vida para
todo o corpo, mas a inveja é a cárie
dos ossos.
31Quem oprime o pobre ofende seu
Criador, mas quem tem piedade do
indigente o honra.
32Por sua maldade é arruinado o
ímpio,
mas o justo encontra refúgio em sua
integridade.
33Num coração sensato habita a
sabedoria,
mas entre os insensatos será
reconhecida?

34 A justiça engrandece uma nação,
mas o pecado é a vergonha dos
povos.
35 O favor do rei é para o servo in-
teligente, seu furor é para quem o
desonra.

15 A mansidão. 1 Uma resposta gentil
acalma a cólera,
uma palavra dura excita a ira.
2 A língua dos sábios faz apreciar a
ciência,
a boca dos estultos derrama
insensatez.
3 Em todo lugar estão os olhos de Javé
observando os maus e os bons.

4 Uma língua benévola é árvore de
vida, mas a língua perversa destrói
o espírito.
5 O insensato despreza a correção pa-
terna, mas quem aceita a admoesta-
ção é prudente.
6 Na casa do justo há muita riqueza,
mas nos lucros do ímpio há
insegurança.
7 A boca dos sábios difunde o
conhecimento,
mas não é assim o coração dos
insensatos.
8 O sacrifício dos ímpios é abomina-
ção para Javé, mas a oração dos ho-
mens retos lhe agrada.

9A conduta dos maus é abomina-
ção para Javé; ele ama quem busca
a justiça.
10Severa é a punição para quem
abandona o reto caminho;
quem odeia a correção morrerá.
11O abismo e a perdição estão diante
de Javé; tanto mais os corações dos
filhos dos homens!
12O zombador não gosta de ser
corrigido,
ele não procura os sábios.
O coração feliz. 13Um coração alegre
embeleza o rosto, mas, quando o co-
ração está triste, o espírito se abate.
14O coração sábio busca o entendi-
mento,

a boca dos tolos se alimenta de
loucura.
15Para o pobre todos os dias são
maus;
para um coração contente é sempre
festa.
16Mais vale o pouco com o temor de
Javé
do que um grande tesouro com
inquietação.
17Mais vale um prato de verdura
onde há amor do que um boi gordo
onde há ódio.
18O homem colérico suscita
contendas,
mas quem é lento para a ira acalma
as disputas.

19O caminho do preguiçoso é fechado
com espinhos, a estrada dos homens
retos é desimpedida.
20O filho sábio alegra seu pai, o ho-
mem insensato despreza sua mãe.
21A insensatez é alegria para quem é
sem juízo,
mas quem tem entendimento cami-
nha retamente.
22Falham as decisões tomadas sem
consulta,
têm êxito quando há muitos
conselheiros.
23É uma alegria saber dar uma
resposta;
como é agradável uma palavra
oportuna!

24Para o homem sensato o caminho
da vida é para cima, para salvá-lo do
abismo que está embaixo.

Quem é caro e quem é odioso a
Deus. 25Javé derruba a casa dos
soberbos e consolida os confins da
viúva.
26São abominação para Javé os maus
desejos, mas as palavras benévolas
são puras.
27Perturba sua casa quem age com
avareza, mas quem detesta subornos
viverá.
28O coração do justo reflete antes de
responder, mas a boca dos maus jorra
maldades.
29Javé está longe dos ímpios,
mas escuta a oração dos justos.

30 Um olhar luminoso alegra o coração; uma boa notícia fortalece os ossos.
31 O ouvido que escuta uma repreensão salutar terá sua morada no meio dos sábios.
32 Quem recusa a correção despreza a si mesmo, quem escuta a repreensão adquire entendimento.
33 O temor de Javé é escola de sabedoria;
antes da glória está a humildade.

16 A providência divina. 1 Ao homem pertencem os projetos do coração, mas de Javé vem a resposta da língua.

2Todos os caminhos do homem pa-
recem puros a seus olhos, mas quem
sonda os espíritos é Javé.
3Recomenda a Javé tuas obras, e teus
projetos terão sucesso.
4Javé fez tudo para um fim, também
o ímpio, para o dia da desgraça.
5É abominação para Javé todo cora-
ção orgulhoso, certamente não ficará
impune.
6Com a bondade e a fidelidade se ex-
pia a culpa, e com o temor de Javé se
evita o mal.
7Quando agrada a Javé a conduta de
um homem, reconcilia com ele até
seus inimigos.

8É melhor o pouco com honestidade
do que grande rendimento sem
equidade.
9O coração do homem planeja seu
caminho, mas é Javé que dirige seus
passos.
10O oráculo está nos lábios do rei,
sua boca não erra quando julga.
11O peso e a balança justos pertencem
a Javé, são obra sua todos os pesos
da bolsa.
12Fazer o mal é abominação para o
rei,
porque o trono se consolida com a
justiça.
13Lábios justos agradam aos reis;
eles amam quem fala com retidão.

14 A ira do rei é mensageira de morte,
mas o homem sábio a aplacará.
15 Na alegria do rosto do rei está a
vida,
seu favor é como nuvem de chuva de
primavera.
O sábio é modesto. 16 Quanto é me-
lhor adquirir a sabedoria do que o
ouro!
A posse da inteligência é preferível
à prata.
17 A estrada dos homens retos é evitar
o mal;
conserva a vida quem controla seu
caminhar.
18 Antes da ruína vem o orgulho
e antes da queda, a altivez de espírito.

19É melhor ser humilde de espírito
com os pobres do que repartir des-
pojos com os soberbos.
20Quem está atento à palavra encon-
tra o bem e quem confia em Javé é
feliz.
21Será chamado inteligente quem é
sábio de coração;
a linguagem suave aumenta o saber.
22Fonte de vida é a prudência para
quem a possui, mas o castigo dos to-
los é a insensatez.
O dom da palavra. 23O coração do
sábio torna prudente sua boca e au-
menta o saber sobre seus lábios.
24Favo de mel são as palavras gentis,
doçura para a alma e saúde para o
corpo.

25Existe caminho que a alguém parece
reto, mas desemboca em veredas de
morte.
26O apetite do trabalhador trabalha
para ele, porque sua boca o estimula.
27O homem perverso trama o mal,
e em seus lábios há como que fogo
ardente.
28O homem ambíguo provoca con-
tendas, e o caluniador divide os
amigos.
29O homem violento seduz seu
próximo
e o conduz por um caminho que não
é bom.
30Quem fecha os olhos trama o mal
e, quando morde os lábios, já o
cometeu.

31 Coroa de honra são os cabelos brancos, ela se encontra nos caminhos da justiça.
32 Quem é lento para a cólera vale mais que um herói, e quem domina a si mesmo vale mais do que quem conquista uma cidade.
33 Nas dobras do manto se lança a sorte,
mas toda decisão vem de Javé.

17 A bondade para com o próximo.
1 Mais vale um pedaço de pão seco com tranquilidade
do que uma casa cheia de carnes com discórdia.

2 O escravo prudente suplantará o fi-
lho desonroso e com os irmãos terá
parte na herança.
3 O cadinho é para a prata e o forno
para o ouro, mas quem prova os co-
rações é Javé.
4 O malfeitor presta atenção aos lábios
iníquos, e o mentiroso dá ouvidos à
língua perniciosa.
5 Quem zomba do pobre insulta seu
Criador, quem se alegra com a des-
graça alheia não ficará impune.
6 A coroa dos anciãos são seus netos
e a glória dos filhos são seus pais.
7 Não convém ao insensato uma lin-
guagem elevada, menos ainda ao
príncipe uma linguagem mentirosa.

8Um presente é como um talismã
para quem o possui: para onde quer
que se volte, tem sucesso.
9Quem esconde a culpa conquista a
amizade, mas quem a divulga desune
os amigos.
10Aproveita mais uma repreensão ao
homem sensato do que cem chicota-
das ao tolo.
11O malvado só procura a revolta,
mas contra ele será mandado um
mensageiro cruel.
12É melhor encontrar uma ursa da
qual foram roubados os filhotes do
que um insensato em seu delírio.
13Quem paga o bem com o mal terá
sempre a desventura em sua casa.

14Começar uma disputa é como abrir
uma comporta, antes que a contenda
se exaspere, abandona-a.
A justiça. 15Absolver o culpado e
condenar o justo são duas coisas que
Javé abomina.
16Para que serve o dinheiro na mão
do insensato? Para comprar sabedo-
ria? Mas ele não tem entendimento!
17O amigo quer sempre bem,
mas o irmão nasceu para o tempo da
aflição.
18É sem entendimento quem assume
compromisso e se oferece como fia-
dor para seu próximo.
19Quem ama a contenda ama o peca-
do; quem se exalta causa sua ruína.

20Coração mau não encontra
felicidade,
língua desonesta cai na desgraça.
21Quem gera um insensato terá
aflição;
o pai de um imbecil não pode se
alegrar.
22Um coração alegre é um santo re-
médio, mas um espírito abatido res-
seca os ossos.
23O iníquo aceita suborno às
escondidas
para desviar o curso da justiça.
24O homem prudente tem diante dele
a sabedoria, mas os olhos do insensa-
to vagueiam pelo mundo afora.

[25]Um filho estulto é uma tristeza para
seu pai e uma amargura para aquela
que o deu à luz.
[26]Não é justo punir o inocente; é
contra a equidade bater em gente
honesta.
[27]Quem modera suas palavras possui
a ciência; a pessoa inteligente possui
um espírito sereno.
[28]Até o insensato, quando se cala, é
tido por sábio e, se cerra seus lábios,
por inteligente.

18 Sentenças várias. [1]Quem vive iso-
lado busca seu próprio interesse e se
insurge contra toda sabedoria.

2O imbecil não ama o entendimento,
mas só quer manifestar seus
sentimentos.
3Com a impiedade vem também
o desprezo, e com a desonra, a
ignomínia.
4As palavras da boca do homem são
águas profundas; a fonte da sabedo-
ria é uma torrente que transborda.
5Não é bom favorecer o ímpio fazen-
do injustiça ao justo no julgamento.
6Os lábios do insensato provocam
rixas
e sua boca lhe atrai chicotadas.
7A boca do imbecil é sua ruína e seus
lábios são um laço para sua vida.

8 As palavras do caluniador são como
gulodices que descem ao fundo das
entranhas.
9 Quem é indolente em seu trabalho
é irmão do esbanjador.
10 Torre forte é o nome de Javé: o justo
nele se refugia e está seguro.
11 Os bens do rico são sua fortaleza,
uma alta muralha, em sua opinião.
12 Antes da queda o coração humano se
exalta, mas a humildade vem antes da
glória.
13 Quem responde antes de escutar
mostra insensatez para sua própria
confusão.
14 O moral do homem o sustenta na
doença,

mas um espírito abatido, quem o
levantará?
15O coração inteligente adquire o
conhecimento,
o ouvido dos sábios procura o saber.
16O presente que alguém dá lhe abre
o caminho
e lhe dá acesso à presença dos
grandes.
17Parece ter razão quem fala primeiro
numa disputa,
mas vem seu adversário e o
questiona.
18A sorte faz cessar as contendas
e decide entre os poderosos.
19Um irmão ofendido resiste mais
que uma fortaleza,

e as demandas são como os ferrolhos
de um castelo.
20Com o fruto de sua boca o homem
sacia o estômago,
ele se farta com o produto de seus
lábios.
21Morte e vida estão em poder da lín-
gua, e quem dela faz bom uso comerá
seus frutos.
22Quem achou uma mulher achou
uma fortuna,alcançou de Javé uma
graça.
23O pobre fala suplicando,
mas o rico responde com dureza.
24Há companheiros que levam à ruína,
mas há amigos mais chegados que um
irmão.

19 O pobre e o rico. [1]É melhor um
pobre que vive honestamente
que um insensato de lábios perversos.
[2]Sem reflexão, nem o zelo é coisa boa,
e quem acelera os passos tropeça.
[3]A insensatez do homem perverte seu
caminho, e contra Javé seu coração se
irrita.
[4]As riquezas multiplicam os amigos,
mas o pobre é abandonado até por
seu próprio amigo.
[5]A falsa testemunha não ficará
impune
e quem espalha mentiras não
escapará.
[6]Muitos são os aduladores do homem
generoso e todos são amigos de quem
dá presentes.

7 Todos os irmãos do pobre o odeiam,
quanto mais se afastarão dele seus
amigos! Ele vai atrás deles com sú-
plicas, mas eles já se foram.
O prudente e o imbecil. 8 Quem ad-
quire bom senso ama a si mesmo e
quem conserva a prudência encontra
a felicidade.
9 A falsa testemunha não ficará
impune
e quem espalha mentiras perecerá.
10 Ao imbecil não convém viver no
luxo,
menos ainda a um servo comandar
os príncipes.
11 A prudência de um homem retarda
sua ira e é sua glória passar por cima
de uma ofensa.

12O furor do rei é como o rugido do
leão, mas seu favor é como o orvalho
sobre a relva.
13Um filho insensato é uma calami-
dade para seu pai, e as disputas da
esposa são como goteira sem fim.
14Casa e riquezas se herdam dos pais,
mas uma mulher judiciosa é dom de
Javé.
15A preguiça faz cair no torpor, e o
indolente sofrerá fome.
16Quem guarda os mandamentos
preserva sua vida, mas quem descui-
da a própria conduta morrerá.
17Quem faz caridade ao pobre em-
presta a Javé,o qual lhe retribuirá a
boa ação.

18Corrige teu filho enquanto há esperança, mas não te excedas a ponto de matá-lo.
19O violento deve ser punido, se o poupas, tu o incitas a recomeçar.
20Escuta o conselho e aceita a correção
para seres sábio no futuro.
21Muitos são os projetos na mente do homem, mas só o desígnio de Javé se realiza.
22O que se deseja do homem é a bondade; é melhor um pobre que um mentiroso.
23O temor de Javé conduz à vida; quem o possui repousará satisfeito e não será atingido pelo mal.

24 O preguiçoso põe a mão no prato,
mas nem sequer consegue levá-la à
boca.
25 Castiga o zombador, e o ingênuo se
tornará prudente,
repreende o inteligente, e aprenderá
o conhecimento.
26 Quem maltrata o pai e expulsa a
mãe
é um filho que envergonha e desonra.
27 Meu filho, deixa de ouvir a
instrução,
se queres afastar-te das palavras da
sabedoria.
28 A testemunha corrupta zomba da
justiça, e a boca dos ímpios devora a
iniquidade.

29Para os zombadores estão prontos
os castigos e os açoites, para as costas
dos insensatos.

20 Sentenças várias. 1O vinho é zom-
bador, o licor é turbulento;
quem se deixa seduzir por eles não é
sábio.
2O terror do rei é como o rugido do
leão: quem o irrita arrisca a vida.
3É uma honra para o homem abster-
-se de demandas, mas todo insensato
nelas se envolve.
4Desde o outono o preguiçoso não
ara,
e no tempo da colheita procura e
nada encontra.

5Como águas profundas é o conselho
no coração humano, mas o homem
inteligente sabe tirá-las.
6Muitos proclamam sua própria bon-
dade, mas uma pessoa de confiança,
quem a encontra?
7O justo caminha em sua integridade;
felizes dos filhos que deixa atrás de
si!
8O rei que toma assento no tribunal
dissipa todo mal com seu olhar.
9Quem pode dizer: "Purifiquei
meu coração, estou limpo de meu
pecado?"
10Duplo peso e dupla medida
são duas coisas que Javé abomina.
11Até a criança demonstra com seus
atos

se sua conduta é pura e reta.
12O ouvido que escuta e o olho que
vê: um e outro os fez Javé.
13Não ames o sono para não te torna-
res pobre, mantém os olhos abertos e
terás pão à vontade.
14"É ruim, é ruim", diz o comprador,
mas quando se retira se gaba da
compra.
15Existem ouro e muitas pérolas,
mas os lábios instruídos são joia
preciosa.
16Toma-lhe a veste, porque se fez fia-
dor para um outro, e guarda-a como
penhor para os estranhos.
17O homem acha gostoso o pão obti-
do com fraude, mas depois sua boca
fica cheia de grãos de areia.

18Consolida teus planos pedindo
conselho, e faze a guerra com sábia
direção.
19Quem vai por aí falando revela se-
gredos; não te associes a quem tem a
língua solta.
20Se alguém maldiz o pai e a mãe,
sua lâmpada se apagará no coração
das trevas.
21Os bens adquiridos às pressas no
começo não serão abençoados no fim.
22Não digas: "Vou vingar-me do
mal";
confia em Javé e ele te salvará.
23O duplo peso é abominação para
Javé,
e a balança falsa não é coisa boa.

24Por Javé são dirigidos os passos do
homem, e como pode o homem compreender seu caminho?
25É um laço para o homem dizer sem
pensar: "Eu prometo!"
e refletir só depois de feita a promessa.
O rei sábio. 26Um rei sábio dispersa os maus e faz passar sobre eles a roda.
27O espírito do homem é uma lâmpada de Javé que sonda todas as profundezas de seu ser.
28Bondade e fidelidade velam sobre o
rei; sobre a justiça ele firma seu trono.
29A glória dos jovens é sua força;
o ornamento dos idosos são os cabelos brancos.

30 As feridas que sangram são um re-
médio para o mal; as chicotadas puri-
ficam as profundezas do ser humano.

21 A providência de Deus. 1 O
coração do rei é água corrente na
mão de Javé: ele o dirige para onde
quer.
2 Cada um pensa que todo o cami-
nho seu é reto, mas quem sonda os
corações é Javé.
3 Praticar a justiça e a equidade
agrada mais a Javé que os sacrifícios.
4 Olhar altivo e coração soberbo,
a lâmpada dos ímpios, são pecado.
5 Os planos do homem diligente pro-
duzem fartura, mas todo apressado
caminha para a penúria.

6 Acumular tesouros a poder de
mentiras
é vaidade efêmera de quem procura
a morte.
7 A violência dos ímpios os arrasta,
porque rejeitam praticar a justiça.
8 É tortuosa a conduta do criminoso,
mas o inocente é reto em seu agir.
9 É melhor morar num canto do sótão
do que com uma mulher briguenta
numa mesma casa.
10 A alma do ímpio deseja fazer o mal;
nem seu amigo encontra piedade a
seus olhos.
11 Quando o zombador é punido,
o simples se torna sábio, e quan-
do o sábio é instruído, adquire
conhecimento.

12O Justo observa a casa do ímpio
e precipita os ímpios na ruína.
Caridade e justiça. 13Quem fecha o
ouvido ao grito do pobre invocará
por sua vez e não obterá resposta.
14Presente dado em segredo acalma
a ira, e oferta feita às ocultas aplaca o
furor violento.
15É alegria para o justo que seja fei-
ta justiça, mas é um terror para os
malfeitores.
16O homem que se afasta do caminho
da prudência repousará na assem-
bleia dos mortos.
17Quem ama os prazeres ficará pobre
e quem gosta de vinho e de perfumes
não se enriquecerá.

18O ímpio serve de resgate para o jus-
to e o pérfido para os homens retos.
19É melhor morar num deserto do
que com uma mulher briguenta e
irascível.
20Na morada do sábio há tesouros
preciosos e perfume, mas o insensato
dilapida tudo isto.
21Quem procura a justiça e a bondade
encontrará vida, justiça e glória.
Sabedoria e maldade. 22O sábio as-
salta uma cidade aguerrida e abate a
fortaleza na qual ela confiava.
23Quem guarda a boca e a língua pre-
serva a si mesmo da angústia.
24O soberbo arrogante se chama zom-
bador; ele age com orgulho insolente.

25Os desejos do preguiçoso o levam
à morte, porque suas mãos rejeitam o
trabalho.
26O ímpio cobiça o dia todo, ao passo
que o justo doa sem poupar.
27O sacrifício dos ímpios é coisa abo-
minável, tanto mais quando ofereci-
do com má intenção.
28A falsa testemunha perecerá, mas
quem sabe escutar poderá falar
sempre.
29O ímpio assume um ar altivo, mas
o homem reto consolida sua conduta.
30Não há sabedoria, não há entendi-
mento, não há conselho contra Javé.
31Prepara-se o cavalo para o dia da
batalha, mas a Javé pertence a vitória.

22 Sentenças várias. 1Mais vale o
bom nome do que grandes riquezas,
e ser estimado é melhor que a prata
e o ouro.
2O rico e o pobre se encontram, Javé
criou um e outro.
3O prudente vê o perigo e se esconde,
mas os ingênuos seguem adiante e
sofrem a pena.
4Frutos da humildade são o temor de
Javé, a riqueza, a honra e a vida.
5Espinhos e cardos se encontram no
caminho do mau; quem cuida de si
mesmo se mantém longe deles.
6Acostuma o jovem no caminho que
deve seguir; e nem mesmo quando
velho se afastará dele.

7 O rico domina sobre o pobre
e quem toma emprestado é escravo
de quem empresta.
8 Quem semeia a injustiça recolhe a
calamidade, e a vara de sua cólera
será aniquilada.
9 Quem tem um olhar generoso será
abençoado porque doa de seu pão ao
pobre.
10 Expulsa o zombador e a discórdia
acabará e cessarão as demandas e os
insultos.
11 Javé ama quem é puro de coração,
e o rei é amigo de quem tem a graça
nos lábios.
12 Os olhos de Javé protegem a
ciência,
e ele confunde as palavras do iníquo.

[13]O preguiçoso diz: "Há um leão lá
fora: serei morto no meio da rua".
[14]A boca das estrangeiras é uma fos-
sa profunda, quem é objeto da ira de
Javé cairá nela.
[15]A insensatez é ligada ao coração
da criança, mas a vara da correção a
afastará dele.
[16]Quem oprime o pobre o enriquece;
quem dá ao rico apenas o empobrece.

IV. SENTENÇAS DOS SÁBIOS (22,17–24,34)

Introdução. [17]Inclina o ouvido e es-
cuta as palavras dos sábios, e aplica
tua mente a minha instrução.

18porque te será agradável guardá-
-las em teu íntimo; juntas estarão
prontas sobre teus lábios.
19Para que tua confiança esteja em
Javé,
quero hoje instruir-te também a ti.
20Não te escrevi trinta máximas, en-
tre conselhos e instruções,
21para mostrar-te a certeza das pala-
vras da verdade, a fim de que possas
responder com segurança a quem te
interrogar?
Recomendações. 22Não despojes o
fraco, porque é fraco,
nem aflijas o pobre no julgamento;
23porque Javé defenderá a causa
deles

e despojará da vida os que os
despojaram.
24 Não te associes com uma pessoa
colérica e não andes com quem é
iracundo,
25 para que não aprendas seus costumes e te exponhas a uma cilada.
26 Não sejas daqueles que se
comprometem,
que aceitam ser fiadores de dívidas,
27 porque, se não tiveres com que
pagar,
te tomarão o leito debaixo de ti.
28 Não desloques a cerca antiga
que teus pais colocaram.
29 Viste um homem solícito no
trabalho?

Ele estará a serviço do rei;
não ficará a serviço de gente inferior.

23 Civilidade à mesa. 1Quando te
assentares à mesa de um soberano,
considera bem o que tens à frente;
2põe uma faca em tua garganta
se tens muito apetite.
3Não desejes suas gulodices:
são comida enganadora.
4Não te canses para adquirir riqueza;
renuncia a tal pensamento;
5logo que fixas nela teus olhos,
ela não existe mais, porque cria asas
como águia e voa para o céu.
6Não comas o pão de quem tem olhar
maldoso, nem desejes suas gulodices,

7porque como pensa dentro de si, assim ele é; ele te diz: "Come e bebe", mas seu coração não está contigo.
8Vomitarás o bocado que comeste
e terás desperdiçado tuas palavras gentis.
Regras práticas. 9Não fales aos ouvidos de um imbecil, porque desprezará tuas sábias palavras.
10Não desloques a cerca antiga,
e não invadas o terreno dos órfãos,
11porque o seu Defensor é forte,
ele defenderá a causa deles contra ti.
12Aplica teu coração à instrução
e o ouvido às palavras da experiência.
13Não poupes ao menino a correção;
mesmo se tu o castigas com a vara,
não morrerá;

14antes, se o castigas com a vara,
o salvarás do abismo.
Conselhos de um pai. 15Meu filho,
se teu coração for sábio, também meu
coração se alegrará.
16Exultará meu íntimo, quando teus
lábios disserem palavras retas.
17Teu coração não inveje os pecado-
res, mas fique sempre no temor de
Javé,
18porque assim terás um futuro
e tua esperança não ficará frustrada.
19Escuta, meu filho, e sê sábio
e dirige o coração pelo caminho reto.
20Não estejas entre os beberrões de vi-
nho, nem entre os que são gulosos de
carne,

21porque o bêbado e o guloso
empobrecerão,
e a sonolência os vestirá de farrapos.
22Escuta teu pai que te gerou,
não desprezes tua mãe quando velha.
23Adquire o verdadeiro bem e não
o cedas: a sabedoria, a instrução e o
entendimento.
24O pai do justo terá grande alegria
e quem gerou um sábio exultará por
causa dele.
25Que teu pai e tua mãe se alegrem
e exulte aquela que te gerou.
26Presta bem atenção, meu filho,
e teus olhos observem meus
caminhos;

[27]porque a prostituta é uma fos-
sa profunda, e um poço estreito, a
estrangeira.
[28]Ela se põe à espreita como um la-
drão e aumenta entre os homens o
número dos infiéis.
O beberrão. [29]Para quem são os
males? Para quem os lamentos?
Para quem as brigas? Para quem os
gemidos?
Para quem as feridas sem motivo?
Para quem os olhos turvados?
[30]Para aqueles que se demoram junto
ao vinho e vão à procura de bebidas
misturadas.
[31]Não olhes para o vinho: como é
vermelho, como cintila na taça e des-
ce suavemente;

32ele acabará por morder-te como co-
bra e picar-te como víbora.
33Então teus olhos verão coisas
estranhas e tua mente dirá coisas
desconexas.
34Serás como alguém deitado em alto
mar, e como quem se deita no alto do
mastro.
35Dirás: "Eles me espancaram, mas
não sinto dor; bateram-me, mas não
reparei. Quando acordarei? Irei bus-
car mais".

24 Outros conselhos. 1Não invejes
os homens maus, nem desejes estar
com eles;
2porque seu coração trama a violência
e seus lábios só falam maldades.

3Com a sabedoria se constrói a casa
e com a prudência ela se firma;
4e com a ciência se enchem seus
quartos de todos os bens preciosos e
agradáveis.
5O sábio é cheio de força,
e quem é experiente aumenta seu
vigor;
6porque com decisões prudentes fa-
rás a guerra, e a vitória está no gran-
de número dos conselheiros.
7É alta demais a sabedoria para o
imbecil, na porta da cidade ele não
poderá abrir a boca.
8Quem planeja fazer o mal
chama-se mestre de intrigas.
9O propósito do tolo é o pecado,

e o zombador é abominação para os
homens.
10Se ficas abatido no dia da angústia,
bem pouca é tua força.
Deveres de caridade. 11Livra os des-
tinados à morte
e salva os que são arrastados ao
suplício.
12Se dizes: "Não sabíamos disso",
acaso aquele que pesa os corações
não o percebe?
Aquele que vela sobre tua vida não
o sabe?
Ele não retribuirá a cada um segun-
do suas obras?
13Come, meu filho, o mel, porque é
bom;

um favo de mel será doce a teu
paladar.
14Sabe que assim é a sabedoria para
ti: se a achares, terás um futuro,
e tua esperança não será frustrada.
15Não armes ciladas contra a morada
do justo, ó ímpio, não destruas seu
lugar de repouso,
16porque o justo cai sete vezes e se
levanta, mas os ímpios sucumbem na
adversidade.
17Não te alegres pela queda de teu
inimigo e não exulte teu coração
quando ele tropeça,
18para não suceder que Javé o veja e
se desgoste e afaste dele sua ira.

19 Não te irrites por causa dos maus
e não invejes os ímpios;
20 porque não haverá futuro para o
malvado
e a lâmpada dos ímpios se extinguirá.
21 Meu filho, teme a Javé e o rei
e não te associes com os revoltosos,
22 porque de repente surgirá sua vingan-
ça e quem sabe que ruína ambos podem
fazer?
Palavras dos sábios. 23 Também estas
são palavras dos sábios.
Ter preferências no julgamento não
fica bem.
24 Se alguém diz ao ímpio: "Tu és
justo",

os povos o maldirão, as nações o
odiarão;
25mas para os que o repreendem
tudo irá bem, sobre eles descerão as
melhores bênçãos.
26Dá um beijo sobre os lábios aquele
que responde com palavras justas.
27Organiza teus negócios de fora,
faze teus trabalhos dos campos
e depois constrói tua casa.
28Não testemunhes com leviandade
contra teu próximo e não enganes
com teus lábios.
29Não digas: "Como fez comigo, as-
sim lhe farei, darei a cada um confor-
me sua obra".

A propriedade do preguiçoso.
30Passei perto do campo de um pre-
guiçoso, da vinha de um homem sem
juízo:
31por toda parte havia crescido o
mato, o terreno estava coberto de
espinhos e o muro de pedras tinha
caído.
32Observando, pus-me a refletir
e, do que vi, tirei esta lição:
33Dormir um pouco, cochilar um
pouco,
cruzar um pouco os braços para
repousar,
34assim te sobrevirá a pobreza como
um vagabundo,

e a indigência, como um homem armado.

V. SENTENÇAS DE SALOMÃO RECOLHIDAS PELOS SÁBIOS DE EZEQUIAS (25,1–29,27)

25 A discrição. 1Também estes são provérbios de Salomão, transcritos pelos homens de Ezequias, rei de Judá.
2É glória de Deus encobrir as coisas,
mas é glória do rei investigá-las.
3Os céus por sua altura, a terra por sua profundidade
e o coração do rei são impenetráveis.

4Tira as escórias da prata, e o ourives
fará com ela um vaso;
5tira o ímpio da presença do rei,
e seu trono se firmará na justiça.
6Não te glories diante do rei
e não te ponhas no lugar dos grandes,
7porque é melhor ouvires dizer:
"Sobe aqui" do que ser humilhado
diante de um superior.
O que teus olhos viram
8não o reveles logo num processo;
senão, que farás no fim,
se teu próximo te deixar confuso?
9Resolve teu problema com teu pró-
ximo, as não reveles o segredo de um
outro;
10senão, quem te escuta te desprezará
e teu descrédito será irreparável.

A boa palavra. 11Como maçãs de
ouro em salvas de prata
assim é uma palavra falada na hora
certa.
12Como anel de ouro e colar de ouro
fino
é a repreensão de um sábio para um
ouvido atento.
13Como o frescor da neve no tempo
da colheita,
assim é um mensageiro fiel para
quem o manda; ele reconforta o âni-
mo de seu senhor.
14Nuvens e vento, mas sem chuva,
tal é o homem que promete uma doa-
ção e não a faz.

A moderação. 15 Com a paciência o
juiz se deixa persuadir, uma língua
suave quebra os ossos.
16 Se encontraste mel, come só o que
te basta,
para que não fiques enjoado e o
vomites.
17 Põe raramente o pé na casa de teu
vizinho,
para não suceder que se canse de ti
e te odeie.
18 Clava, espada e flecha aguda
é aquele que levanta falso testemu-
nho contra o próximo.
19 Como dente cariado e pé que
manca,

assim é a confiança num homem des-
leal no dia da angústia.
20É tirar o manto num dia frio,
e derramar vinagre numa chaga viva,
entoar canções para um coração
aflito.
21Se teu inimigo tem fome, dá-lhe de
comer,
se tem sede, dá-lhe de beber;
22porque assim amontoarás bra-
sas sobre sua cabeça e Javé te
recompensará.
23O vento norte provoca a chuva,
e uma língua caluniadora, o rosto
irado.
24É melhor morar num canto do
sótão

do que com uma mulher briguenta
numa mesma casa.
25Água fresca para uma garganta
com sede é uma boa notícia de um
país distante.
26Fonte turvada e nascente poluída,
assim é o justo que cede diante do
ímpio.
27Comer mel demais não faz bem,
e buscar a própria glória não é glória.
28Cidade aberta, sem muros:
é o homem que não tem domínio
próprio.

26 O estulto. 1Como a neve no verão
e a chuva na colheita,
assim a honra não convém ao
insensato.

2Como a ave que esvoaça e a andorinha que voa, assim não tem efeito maldição sem motivo.
3O chicote é para o cavalo, o freio para o jumento
e a vara para as costas dos insensatos.
4Não respondas ao idiota segundo sua idiotice
para não te tornares também como ele.
5Responde ao idiota segundo sua idiotice
para que ele não se julgue sábio.
6Corta seus pés e bebe amarguras
quem manda mensagens por meio de um tolo.

7As pernas de um coxo não têm força:
assim é um provérbio na boca dos
imbecis.
8É como prender uma pedra na funda
conceder honras a um tolo.
9Como um galho de espinhos na mão
de um bêbado, tal é um provérbio na
boca dos imbecis.
10Como um arqueiro que fere todo o
mundo,
assim é quem contrata um tolo ou um
bêbado.
11Como o cão que volta a seu vômito,
assim é o tolo que repete suas tolices.
12Vistes um homem que se julga
sábio?

Há mais esperança para o tolo do que
para ele.
O preguiçoso. 13O preguiçoso diz:
"Há uma fera no caminho,
um leão está nas ruas".
14A porta gira em seus gonzos,
assim o preguiçoso em seu leito.
15O preguiçoso põe a mão no prato,
mas se cansa ao levá-la à boca.
16O preguiçoso se julga mais sábio
do que sete pessoas que respondem
com juízo.
O briguento. 17Segura um cão pelas
orelhas
quem se intromete numa questão que
não é sua.
18Como um louco que lança fogo
e flechas de morte,

19assim é aquele que engana seu
próximo
e depois diz: "Fiz isso por
brincadeira!"
20Por falta de lenha o fogo se apaga;
não havendo delator, cessa a
contenda.
21Como o carvão é para a brasa e a
lenha para o fogo,
assim é o briguento para atiçar brigas.
22As palavras do caluniador são
como gulodices:
descem ao fundo das entranhas.
O simulador. 23Como prata não pu-
rificada recobrindo um vaso de barro
são as palavras doces com um cora-
ção perverso.

24 Quem odeia dissimula com os
lábios,
mas em seu íntimo encobre o engano;
25 mesmo se falar suavemente, não
confies,
porque ele tem sete abominações no
coração.
26 O ódio pode cobrir-se de simulação,
mas sua malícia aparecerá
publicamente.
27 Quem cava uma fossa cairá dentro
dela, e quem rola uma pedra esta lhe
cairá em cima.
28 A língua mentirosa odeia a verdade
e a boca aduladora causa ruína.

27 A vaidade e a inveja. 1 Não te glo-
ries do dia de amanhã

porque não sabes o que o hoje pode
gerar.
2Que te louve um outro, e não tua
boca, um estranho, e não teus lábios.
3Pesada é a pedra, também a areia
pesa, mas a ira do insensato pesa
mais que uma e outra.
4O furor é cruel e a ira é impetuosa,
mas quem pode resistir ao ciúme?
5É melhor uma repreensão franca
que um amor dissimulado.
6São leais as feridas feitas por um
amigo,
enganosos, porém, os beijos do
inimigo.
7Garganta saciada despreza o mel;
para quem tem fome toda coisa amar-
ga é doce.

8 Como um pássaro vagando longe
do ninho,
assim é quem anda vagando longe de
sua terra.
9 O perfume e o incenso alegram o
coração,
a doçura de um amigo tranquiliza a
alma.
Amigos e vizinhos. 10 Não abando-
nes teu amigo nem o de teu pai,
não entres na casa de teu irmão
no dia de teu infortúnio.
É melhor um vizinho próximo que
um irmão distante.
11 Sê sábio, filho, e alegrarás meu
coração,
para que eu possa responder a quem
me insulta.

12Quem é prudente vê o perigo e se esconde,
mas os ingênuos seguem adiante e sofrem a pena.
13Toma-lhe a veste, porque se fez fiador para um outro,
e guarda-a como penhor para os estranhos.
14Abençoar o próximo de manhã cedo em voz alta
será imputado como maldição.
15Goteira contínua em dia de chuva
e mulher briguenta se parecem:
16querer contê-la é como reter o vento
e recolher óleo na mão.
17O ferro se aguça com o ferro
e o homem pelo contato com seu próximo.

18Quem cuida de uma figueira come
de seus frutos,
quem cuida de seu patrão será
honrado.
19Como um rosto é diferente do ou-
tro, assim os corações humanos dife-
rem entre si.
20Como o abismo e a perdição nunca
se saciam, assim são insaciáveis os
olhos do homem.
21Como o cadinho é para a prata e o
forno para o ouro,
assim o homem é provado pelo lou-
vor que recebe.
22Ainda que soques o insensato
no morteiro entre os grãos, com o pi-
lão, não tiras dele sua insensatez.

Cuidado com as próprias coisas.
23 Procura conhecer bem teu rebanho
e presta atenção a teu gado,
24 porque não são perenes as riquezas,
nem um diadema passa de geração
em geração.
25 Uma vez cortado o capim, aparece
a relva nova
e se recolhe a forragem dos montes;
26 os cordeiros te dão com que te
vestir
e os bodes, o preço para comprar um
campo;
27 as cabras, leite abundante para teu
sustento,
para alimento de tua família
e para manter tuas escravas.

28 O justo e o ímpio. 1O ímpio foge
mesmo se ninguém o persegue,
ao passo que o justo está seguro como
um leão novo.
2Por causa dos delitos de um país
multiplicam-se os tiranos,
mas com um homem inteligente e sá-
bio a ordem se mantém.
3Um homem ímpio que oprime os
fracos é uma chuva torrencial que faz
faltar o pão.
4Os que transgridem a lei exaltam o
ímpio,
mas os que a observam lhe fazem
guerra.
5Os maus não entendem o que é
justo,

mas os que buscam Javé entendem tudo.
6É melhor um pobre de conduta íntegra
que um de costumes perversos, ainda que rico.
7Quem observa a lei é um filho inteligente,
quem frequenta os desregrados envergonha seu pai.
8Quem aumenta seus bens com usura e juros
ajunta-os para o que tem piedade dos pobres.
9Quem desvia o ouvido para não escutar a lei,
até sua oração é abominável.

Máximas várias. 10Quem desvia os
homens retos para o mau caminho
cairá ele mesmo na fossa que cavou,
enquanto os íntegros herdarão a
felicidade.
11O rico se julga sábio,
mas o pobre inteligente o desmascara.
12Grande é a alegria quando triunfam
os justos,
mas se prevalecem os ímpios, cada
qual se esconde.
13Quem encobre as próprias culpas
não terá sucesso,
mas quem as confessa e as abandona
obtém misericórdia.
14Feliz do homem que está sempre
vigilante, mas quem endurece o co-
ração cairá no mal.

15Leão que ruge e urso esfaimado,
tal é o ímpio que domina sobre um
povo pobre.
16Um príncipe insensato multiplica
as opressões,
mas quem detesta a avareza prolon-
gará seus dias.
17Um homem culpado de homicídio
fugirá até o túmulo: ninguém o
socorrerá.
18Quem procede com retidão será
salvo,
quem anda por caminhos tortuosos
cairá de repente.
19Quem cultiva sua terra se saciará
de pão,
quem vai atrás de coisas vãs se farta-
rá de pobreza.

Bondade e equidade. [20]O homem
leal será cumulado de bênçãos,
mas quem quer se enriquecer depres-
sa não ficará impune.
[21]Não fica bem ser parcial;
até por um pedaço de pão se peca.
[22]O avarento é impaciente por se
enriquecer
e não pensa que cairá sobre ele a
miséria.
[23]Quem corrige um outro encontrará
depois mais gratidão
do que aquele que adula com a
língua.
[24]Quem rouba do pai e da mãe e diz:
"Não é pecado",
é companheiro do bandido.

25 O homem ávido provoca brigas,
mas quem confia em Javé prosperará.
26 Quem confia em sua própria mente
é um insensato,
mas quem se comporta com sabedoria será salvo.
27 Quem dá ao pobre não passará
necessidade,
mas quem fecha os olhos será coberto
de maldições.
28 Quando os ímpios prevalecem, todos se escondem;
quando eles perecem, os justos se
multiplicam.

29 O bom governo. 1 O homem que,
repreendido muitas vezes, persiste
no erro

será arruinado de repente e sem remédio.
2Quando dominam os justos, o povo se alegra, mas quando governam os ímpios, o povo geme.
3Quem ama a sabedoria alegra seu pai, mas quem frequenta prostitutas dissipa seus bens.
4Pela equidade o rei faz o país prosperar,
mas quem aceita suborno o leva à ruína.
5O homem que adula seu próximo estende uma rede sob seus passos.
6Há uma cilada no pecado do homem mau, ao passo que o justo exulta e se alegra.

7O justo se interessa pela causa
dos pobres, mas o ímpio não sabe
reconhecê-la.
8Os zombadores tumultuam a cidade,
mas os sábios aplacam a cólera.
9Se um sábio tem uma contenda com
um tolo, quer se zangue, quer se ria,
não haverá conclusão.
10Os homicidas odeiam quem é íntegro, ao passo que os justos protegem
sua vida.
11O tolo desafoga toda a sua ira,
mas o sábio a reprime e acalma.
12Se um príncipe dá atenção às
mentiras,
todos os seus ministros são maus.

13O pobre e o opressor se encontram;
é Javé quem ilumina os olhos de to-
dos os dois.
14Um rei que julga os fracos com
equidade
consolida seu trono para sempre.
Regras de educação. 15A vara e a cor-
reção dão sabedoria,
mas a criança entregue a si mesma
envergonha sua mãe.
16Quando os maus governam, multi-
plicam-se os crimes,
mas os justos assistirão à ruína deles.
17Corrige o filho e ele te dará conforto
e te obterá consolações.
18Faltando a profecia, o povo se torna
desenfreado,
mas quem observa a lei é feliz.

19Não se corrige um escravo com pa-
lavras, porque, ainda que compreen-
da, não obedece.
20Viste um homem apressado no fa-
lar? Há mais esperança para o tolo do
que para ele.
21Um escravo mimado desde a infân-
cia, no fim se tornará insolente.
22O homem colérico suscita
contendas,
e o iracundo comete muitas faltas.
23O orgulho do homem provoca sua
humilhação,
mas o humilde de coração obtém
honras.
24Quem é cúmplice do ladrão odeia-
-se a si mesmo, ele ouve a imprecação
e nada denuncia.

[25]O temor do homem arma ciladas,
mas quem confia em Javé está em
segurança.
[26]Muitos buscam o favor do príncipe,
mas é de Javé que vem a justiça para
cada um.
[27]O iníquo é uma abominação para
os justos,
e quem age retamente é abominação
para os maus.

VI. SENTENÇAS DE OUTROS SÁBIOS (30–31)

30 A grandeza de Deus. [1]Máximas de
Agur, filho de Jaces, de Massa.

Este homem diz: Estou cansa-
do, Deus, estou cansado, Deus, e
desfaleço,
2 porque sou o mais ignorante dos
homens e não tenho inteligência
humana;
3 não aprendi a sabedoria
e ignoro a ciência do Santo.
4 Quem subiu ao céu e dele desceu?
Quem recolheu o vento em suas
mãos? Quem encerrou as águas em
seu manto?
Quem fixou todos os confins da terra?
Como se chama? Qual é o nome de
seu filho, se o sabes?
5 Toda palavra de Deus é provada; ele
é um escudo para quem recorre a ele.

6Não acrescentes nada a suas palavras,
para que não te repreenda e sejas achado mentiroso.
A virtude está no meio. 7Eu te peço duas coisas,
não mas negues antes que eu morra:
8afasta de mim falsidade e mentira;
não me dês nem pobreza e nem riqueza;
concede-me o pão que me for necessário;
9não suceda que, saciado, eu te renegue
e diga: "Quem é Javé?",
ou, reduzido à indigência, eu roube
e profane o nome de meu Deus.

10Não calunies o escravo diante de
seu senhor,
para que não te amaldiçoe e sejas
achado culpado.
A gente pior. 11Há gente que maldiz
seu pai e não abençoa sua mãe.
12Há gente que se julga pura,
mas não foi lavada de sua imundície.
13Há gente de olhos altivos
e de olhar orgulhoso!
14Há gente cujos dentes são espadas
e cujos molares são facas para devorar
os humildes, eliminando-os da terra e
os pobres, do meio dos homens.
Quatro coisas insaciáveis. 15A san-
guessuga tem duas filhas: "Dá-me!
Dá-me!"

Três coisas não se saciam jamais,
aliás, quatro jamais dizem: "Basta!":
16a mansão dos mortos, o seio estéril,
a terra que não se sacia de água
e o fogo que nunca diz: "Basta!"
17O olho que desdenha o pai
e despreza a obediência devida à mãe
seja arrancado pelos corvos do vale
e devorado pelas águias.
Quatro coisas misteriosas. 18Três coi-
sas são incompreensíveis para mim,
aliás, quatro que não consigo
entender:
19o caminho da águia no céu, o ca-
minho da serpente sobre a rocha, o
caminho do navio no alto mar, o ca-
minho do homem para uma jovem.
20Tal é a conduta da mulher adúltera:

come, limpa a boca e diz: "Não fiz
nada de mal!"
Quatro pessoas insuportáveis. 21Por
três coisas a terra treme, aliás, quatro
coisas não pode suportar:
22um escravo que se torna rei,
um insensato que vive na fartura,
23uma mulher rejeitada que encontra
marido e uma escrava que se torna
herdeira da patroa.
Quatro coisas pequenas, mas sábias.
24Quatro seres estão entre as coisas
menores da terra, porém, são extre-
mamente sábios:
25as formigas, povo sem força, que
preparam sua comida no verão;
26os arganazes, povo pacífico, mas
têm seu ninho nos rochedos;

27os gafanhotos, que não têm rei, porém, avançam todos em bandos;
28a lagartixa, que se pode segurar
com as mãos, mas penetra até nos
palácios dos reis.

Quatro coisas de nobre andadura.

29Três seres têm um porte majestoso,
aliás, quatro caminham com
elegância:
30o leão, o mais forte dos animais,
que não foge de nada;
31o galo empinado, o bode e o rei à
frente de seu exército.
32Se te exaltaste por insensatez e
depois refletiste, põe a mão sobre a
boca,

[33]porque, batendo o leite produz-se
a manteiga, apertando o nariz sai
sangue
e espremendo a cólera sai a contenda.

31 O bom príncipe. [1]Palavras de
Lemuel, rei de Massa, que sua mãe
lhe ensinou.
[2]Que te direi, meu filho? O que, filho
de minhas entranhas? O que, filho de
minhas promessas?
[3]Não dês teu vigor às mulheres,
nem teu destino àquelas que corrom-
pem os reis.
[4]Não convém aos reis, Lemuel, não
convém aos reis beber vinho, nem aos
príncipes desejar bebida forte,

5para não suceder que, bebendo, es-
queçam seus decretos e traiam o di-
reito de todos os aflitos.
6Dai bebidas inebriantes a quem está
para morrer e o vinho a quem tem o
coração amargurado:
7que ele beba e esqueça sua pobreza
e não se lembre mais de suas penas.
8Abre a boca em favor do mudo,
em defesa de todos os desamparados.
9Abre a boca e julga com equidade
e faz justiça ao pobre e ao infeliz.
A mulher ideal. *Alef* 10Mulher perfei-
ta, quem pode encontrá-la?
Bem superior às pérolas é seu valor.
Bet 11Nela confia o coração de seu
marido e não virá a faltar-lhe o lucro.

Guimel 12 Ela lhe dá felicidade e não
desgosto todos os dias de sua vida.
Dalet 13 Procura lã e linho
e gosta de trabalhar com suas mãos.
Hê 14 É como o navio de um mercador:
manda vir de longe suas provisões.
Waw 15 Levanta-se quando ainda
é noite, distribui a comida para os
criados
e dá ordens às empregadas.
Záin 16 Examina um terreno e o com-
pra, e com o fruto de suas mãos plan-
ta uma vinha.
Het 17 Cinge a cintura com firmeza
e fortalece seus braços.
Tet 18 Constata que vão bem seus
negócios; de noite não se apaga sua
lâmpada.

Yod 19Estende a mão à roca e seus de-
dos manejam o fuso.
Kaf 20Abre as mãos ao pobre,
estende a mão ao indigente.
Lamed 21Não teme a neve para sua
família,porque todos os de sua casa
têm veste dupla.
Mem 22Faz para si cobertas,
de linho e de púrpura são suas vestes.
Nun 23Seu marido é estimado na pra-
ça, onde toma assento junto com os
anciãos do lugar.
Samec 24Ela faz tecidos de linho e os
vendee fornece cintos ao mercador.
Áin 25Fortaleza e honra são seus orna-
mentos e sorri diante do futuro.

Pê 26Abre a boca com sabedoria
e sua língua ensina a bondade.
Çade 27Segue atenta o andamento da
casa e não come o pão ociosa.
Qof 28Seus filhos se levantam e a pro-
clamam feliz
e seu marido a elogia dizendo:
Resh 29"Muitas mulheres fizeram
grandes coisas,
mas tu superaste a todas!"
Shin 30A graça é enganosa e a beleza
é vã, mas a mulher que teme a Javé
deve ser louvada.
Taw 31Dai-lhe do fruto de suas mãos
e celebrai-a por suas obras nas portas
da cidade.